KB242127

기획 윤구병

1943년 전라남도 함평에서 태어나 서울 대학교 철학과와 대학원을 졸업하고, 월간 〈뿌리 깊은 나무〉의 초대 편집장을 지냈습니다.
충북 대학교 철학과 교수로 있으면서 어린이 책 〈올챙이 그림책〉〈어린이 마을〉〈달팽이 과학 동화〉를 기획하고 펴냈습니다.
1995년 대학 교수직을 그만두고 전라북도 부안으로 내려가 농사를 지으면서 대안 교육을 하는 '변산교육공동체'를 세웠습니다.
20여 가구 50여 명이 모여 살며 논농사 밭농사를 짓고, 젓갈·효소·술 같은 것을 만들어 자급자족하면서 자녀들과 함께
공동체 삶의 소중함을 배우고 가르쳐 오고 있습니다.
지은 책으로 그림책 《우리 순이 어디 가니》《바빠요 바빠》《심심해서 그랬어》《우리끼리 가자》《당산 할매와 나》《울보 바보 이야기》
《모르는 게 더 많아》가 있고, 《잡초는 없다》《변산공동체학교－어제, 오늘 그리고 내일》《꼭 같은 것보다 다 다른 것이 더 좋아》
《가난하지만 행복하게》《흙을 밟으며 살다》《자연의 밥상에 둘러앉다》《꿈이 있는 공동체 학교》들이 있습니다.

그림 이우경

1922년 서울에서 태어나 1998년에 돌아가셨어요.
《당나귀 알》《흥부와 놀부》《말하는 남생이》《금방망이 은방망이》《이우경 전래 동화집》에 글을 쓰고 그림도 그렸어요.
〈옛이야기 보따리〉 가운데 《호랑이 잡는 기왓장》《아기장수 우투리》
〈겨레아동문학선집〉 가운데 《어디만큼 왔냐》에 그림을 그렸습니다.

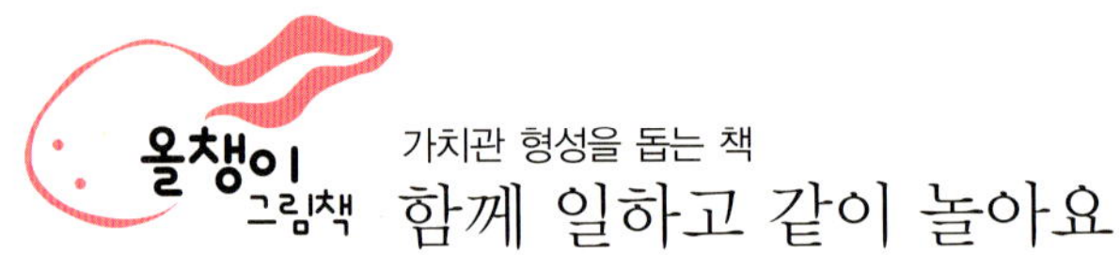

가치관 형성을 돕는 책

함께 일하고 같이 놀아요

초판 1쇄 발행일 1991년 | 개정판 1쇄 발행일 2011년 5월 30일

기획 윤구병 | **그림** 이우경 | **발행인** 김학원 | **편집인** 선완규 | **경영인** 이상용 | **편집장** 위원석 정미영 최세정 황서현 | **기획** 나희영 임은선 박인철 최윤영 김은영 박정선
조은화 김희은 김서연 정다이 | **디자인** 김태형 유주현 | **마케팅** 이한주 하석진 김창규 이선희 | **저자·독자 서비스** 조다영 함주미(humanist@humanistbooks.com)

스캔·출력 (주)로얄프로세스 | **용지** 화인페이퍼 | **인쇄** (주)로얄프로세스 | **제본** (주)책 다움

발행처 휴먼어린이 | **출판등록** 제313-2006-000161호(2006년 7월 31일) | **주소** 121-869 서울시 마포구 연남동 564-40

전화 02-335-4422 | **팩스** 02-334-3427 | **홈페이지** www.humanistbooks.com

ⓒ (재)변산공동체장학회, 윤구병 2011

ISBN 978-89-6591-009-1 17370

이 책은 저작권법에 따라 보호받는 저작물이므로 무단 전재와 무단 복제를 금합니다. 이 책의 전부 또는 일부를 이용하려면 반드시 저작권자와 휴먼어린이 출판사의 동의를 받아야 합니다.

함께 일하고 같이 놀아요

윤구병 기획 | 이우경 그림

휴먼
어린이

우리 마을은 농촌이에요.

우리 마을에서는 밭농사도 짓고
논농사도 지어요.

우리 마을 사람들은 아침 일찍부터
저녁 늦게까지 일을 해요.

우리 마을에서는 짐승을 많이 길러요.

더운 여름에는 원두막에서 수박도 먹고
냇가에서 멱도 감아요.

일을 할 때도 서로 도와서 하고
놀 때도 같이 모여 놀아요.

NK門

형과 누나는 엄마 아빠를 도와서
새를 쫓기도 하고 오리를 돌보기도 해요.

우리 마을에서 나는 과일들이에요.

우리가 가꾼 채소나 곡식을
시장에 내다 팔기도 해요.

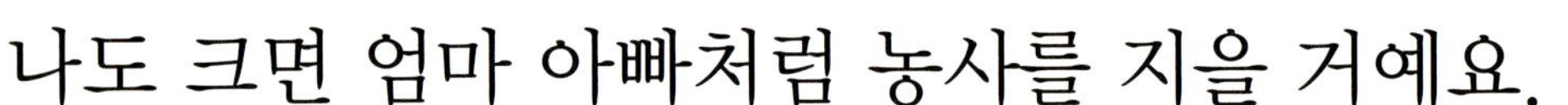

나도 크면 엄마 아빠처럼 농사를 지을 거예요.